국보현대시선 ⑰

봄날은 간다

高山 서성택 詩集

도서출판 국보

봄날은 간다

초판 인쇄 2011년 10월 15일
초판 발행 2011년 10월 20일

지은이 서성택
펴낸이 임수홍
편집디자인 맹신형
발행처 : 도서출판 국보
주소 : 서울시 강동구 길동 395-3 2층
전화 : (02) 476-2757~8, 7260
FAX : (02) 476-2759
카페 : http://cafe.daum.net/lsh19577
E-mail : kbmh11@hanmail.net

값 9,000원

ISBN 978-89-93533-23-1 03800

‖ 시집을 내면서 ‖

詩人은 정년이 없다.
나이를 묻지마라 항상 젊음의 기분으로
가슴을 펴고 거침없이 살아온 인생
흘러가는 세월을 잡지 못하고 세월속에 끌려
온 한평생을 넘어 두평생을 가는 길목
인생사의 마감정리 단계에 평탄한 대로로
가고 싶구나
지난 일들의 평가는 주변의 친지들의 한목
앞날은 내가 평가하면서 홍익인간-이화세계의
인간 본성을 지키면서 살아가련다.
인생은 짧고 文學은 영구히 빛을 낼 것이다
역사속에 살아서 숨쉬면서 후세들의
밑거름이 되고자 한다.
악심은허공으로 날려버리고 선심은 마음속에 담아
한줌 한줌 나누어 주면서 光明의길로
가라고 할 것이다.
올바른 문인이라면 험난한 세상을 선도의 길잡이가 되어
즐거운과 행복을 담아줄 의무일 것이다.
詩속에 젊음을담아 독자의마음을 열어
항상 청춘의길목을 찾아주기 바라며
행복을 누리시기 바라마지 안않습니다.

2011.10.
국보문학 상임부회장
고산 서성택 시인

義志

丈夫出家 生不還

장부가 집을 나가 뜻을 못이루면
돌아오지 않는다

서기 2008년 8월 31일

좋은문학 작가협회 회장

高山 徐聖澤 詩人

▲ 축사를 하고 있는 필자

▲대구 달성군 유가면에 있는 필자의 모교에 기증한 시계탑과 독서상 모습

▲한국문화예술신문사 문화대상 수상패

▲월간 국보문학 수필부문 등단식때 가족과 함께

▲젊은시절 남한산성에서 아내와 함께

▲'詩가 흐르는 서울' 사당역 시 낭송회에서 낭송하는 필자

▲박언휘 수필가 등단식때 기념사진

▲제12호 동인문집 편집회의 장면

봄날은 간다

| 1장 | 아내와 나

아내와 나 16

살아있는 역사(史詩) 18

고려의 名臣 문익점(삼우당) 19

동의보감의 선구자 20

동학사의 새아침 21

雪風 22

고향집의 뜰 23

빈자리 24

詩 25

일본의 천당과 지옥 26

재앙이 남긴 쓰라림 28

부흥과 몰락 29

그 님은 어디가고 31

꽃마차 타고 32

꽃속에 봄을 담고 33

설잠 34

벚꽃축제 35

끈끈한 사랑 36

| 2장 | 나팔꽃 인생

토종소나무의 향 39

그대는 내 여자 41

나팔꽃 인생 42

선생님 43

그 목소리 44

하루밤 人生길 45

천고야성(天高夜性) 46

고향의 풍경 47

6 · 25는 살아있다 48

어디에 있나 50

송구영신(送舊迎新) 51

靑春야곡 52

녹슨은 철길 53

향촌 한마당 祝祭 54

나는 증인이다 55

서울은 서울 56

봄날은 간다

세월속의 청계 | 3장 |

세월이 원하는 통일 58

세월속의 청계 59

빗 속의 여인 60

고향 61

반성 62

善惡의 政治 63

有法無法 64

孝兄之心 65

통일대전 준공 66

어제 68

꿈에 본 아버님 69

애향별사 (愛鄕別舍) 70

가을문턱 71

삶과 죽음의 길목 72

백두산의 폭발예고 73

大倧敎와 독립운동 74

古, 朝鮮의 오늘 75

| 4장 | 생명의 숲

國運 78
폭염속의 미소 79
村老의 한숨소리 80
평창으로 오세요! 81
독도는 말한다 83
장마전선 84
생명의 숲 85
기다림의 사랑 86
오늘 하루 87
뇌물단지 88
책 속의 낙서 89
한국전쟁의 은인 91
봄날은 간다 93
黃砂특보 94

꽃속에 봄을 담고 | 5장 |

역사속의 地名 96
저축이 감축은행으로 98
참꽃축제 99
財産 1號 : 健康 100
그리움 101
향촌 高山亭에서 102
고향이 좋아 103
섬마을 일본 104
봄 향기 105
꽃속에 봄을 담고 106
名山의 登行 107
그대와 나 (和情) 108
正道 109
世界속의 독재자 110
봄 맞이 111
봄 소식 112

| 6장 | 인생은 예술속에

황금옥토 114

녹슬은 철길 115

명동야곡 116

太平路는 不平路 117

변하는 세월따라 118

人生은 예술속에 119

만남의 서울 120

이산가족 121

66주년을 맞이하는 광복절 122

우란분절 : 음 7.15일 백중제를 맞아 124

향우인 축제의 한마당 125

生생 死사 126

忠節 127

백두대간의 중추 : 태백 [시제 : 맥] 129

그님은 어디가고 132

청계천은 말한다 133

세월속의 청계 134

| 1장 |

아내와 나

부모님 말씀따라
그대를 맞이할 때
너무 예뻐서
이것이 서로찾은 연분인가봐

아내와 나

그때 그 시절
당신은 처녀
나는 총각
서로 몰랐었지
부모님 말씀따라
그대를 맞이할 때
너무 예뻐서
이것이 서로찾은 연분인가봐

지금 이 시절
당신은 엄마
나는 아빠
가는세월 무심쿠나
어느덧 눈밑의 잔주름
그 예쁨도 이젠 가는구려
당신과 나는
서로를 위로하는 연분인가봐

이제 가는 시절
당신은 할멈
나는 할범
세월따라 살다보니
우리인생 늙었도다
이제 누가 먼저 가리
메마른 세월속에
외로운 연분 되겠구려

살아있는 역사(史詩)

경상도 山靑골은
유서깊은 유적지라요
가락국 마지막 王의 돌무덤
일키로 하단에는 王宮이 있다네
김유신의 할아버지 王陵(증조부)
가락국의 멸망으로
왕위계승을 못 받은 三代
김유신은 신라국의 명장
김춘추와 합세하여
통일신라 영원한 장수로

* 仇衛王 : 산청군 금서면 하계리 뒷산 돌무덤
김유신장군 出生 : 舒玄과 眞興王의 아우 肅訖宗의 딸 萬明과 사이에서 出生
가락王室 : 신라王室 혼연을 맺음
김유신장군의 누이 : 太宗무열(김춘추)王의 비가 됨
장군의 死后 : 홍무 大王으로 추존되었다.

고려의 名臣 문익점(삼우당)

붓대롱에 목화시 숨겨와
이 나라 의류혁명의 개척자
산청골 무명베의 모든 것
목화밭 물레와 베틀은
선생의 손자 文來가 개발했다네
헐벗은 서민의 무명베옷
찬 겨울도 폭신한 솜 이불속
근심 걱정 덜어놓고

* 원나라 황제는 恭愍王 폐위에 가담을 종용
  不事二君의 忠節을 내세워 끝까지 거절
  중국 운남성으로 유배 원제는 자기 잘못을 알고 석방
  孝行이 지극하여 王命에 의하여 孝子碑가 세워지고 마을 이름도
  孝子里로 부르게 했다
  바로 이곳에 문선생의 유적지가 있다

* 한때 영등포 지역에 방적공장이 밀집
  방적의 원조가 되는 문래 : 지금의 文來洞
  문익점선생의 손자 文來선생의 성명을 딴 것이다

동의보감의 선구자

허준은 험준한 산 속의 산길로
걸어서 걷다 지쳐서 발걸음 멈춘곳
산 속의 유적지 산청골 이었다
배가 고파 문전걸식을 하다
은인을 만난 한의원 유의태의 집
쫓기고 쫓아내도 끈질긴 집념으로
유의태는 허준을 맞아
그 모든 의술을 전수키로
허준 의감은 영원한 한의학자로

* 동의보감은 한의학의 聖典이다
조선조 선조 광해군때 지은 25권의 책
야산의 돌풀 한포기 한송이의 꽃도 귀중한 약재가 된다는
허준선생이 남긴 말

동학사의 새아침

동학사 새벽에 범종소리는
계룡산 돌고돌며 은은히 울려퍼지니
스님은 장삼걸처 법당으로 찾아들어
목탁소리 타닥 ~ 그윽한 염불소리
불당을 찾는 이 한몸은
향, 촛불 키워놓고 소원성취 기원하며
부처님께 비나이다.

동학사 새벽에 지저귀는 산새소리
새들의 노래 그칠줄 모르니
내어찌 긴잠이 오겠느냐
스님의 목탁소리 불당을 진동하니
약수탕 찾아가서 정성껏 세면하고
불전에 꿇어앉아 내죄를 회개하며
부처님께 비나이다.

雪風

高山 雪峰에 나 홀로 서서
白雪이 만건곤한 雪平을 바라보니
雪嶺에 외로히 서 있는 孤松
雪花에 빛을 내며 춤을 추고 있네

폭설 폭풍에 눈깨비 날으니
세찬 칼 바람은 이몸을 스쳐가네
나도 몰래 입술에서 안개 꽃을 피우니
댕기머리 아낙네가 나를 품 속으로

고향집의 뜰

온 뉴월의
햇살
숯가마 열기를 뿜어
온 몸을 물 옷을
그늘진 숲을 찾고파

낮 햇살의
청란(靑蘭)
방긋이 웃으며 피었다
밤이면 눈감으며
잠속에 꿈꾸는 꽃으로

빛을 안고
활짝
석양에 입을 다무는
꽃중의 꽃으로
너무나 아름다워

빈자리

방긋 웃는 웃음꽃
사랑을 안고
행복속에 파묻혀
세월이 가는줄도 모르고
즐거움 속에 살았어

그대 정말 예뻤어
지루한 하루
사랑속에 묻혀서
세월을 멈추게하여
영원히 아름다운 빛으로

서로가 서로를 안고
사랑의 꽃을
어느날 갑자기 어디론지
빈자리만 남아
나 홀로 슬픔을 안고
돌아와요 돌아와 빈자리로

詩

詩는 무한의 그릇이다
詩속에 萬物의 근원이 담겼어
詩는 오랜세월을 밟으면서
詩속에 담아 거침없이 이어 왔노라

詩는 지구촌 회전그릇
詩의 문맥은 萬物을 안아서
詩로 흥망성쇠 한을 담아 노래로
詩가 역사속에 꽃을피워 왔다지

詩속에서 삶의 人間事
詩人은 즐거움과 고독감을
詩로 自身을 달래고 풀어가면서
詩의 世上을 만들며 사노라.

일본의 천당과 지옥

지구촌의 몸부림
자연속의 대재앙
유례없는 강진으로
쓰나미의 침공까지
사상자와 재물손실
천문학적 오리무중
생과사의 갈림길목
웃음과 울음으로
이 한밤을 지새우며
눈물의 피멍으로

대피할 수 없었어
번개불에 콩굽듯
사정없이 밀려오니
쓰나미가 무엇인지
어린자식 손을잡고
안간힘을 다했으나

세찬물속 죽음의길
사랑의 연인마저
생과사로 이별의장
한많은 씨앗으로

재앙이 남긴 쓰라림

쓰나미가 휩쓸고 간
해안인접 아름다운 마을들
흔적도 없이 사라져 버려
폐허속에 생존자의 비명
구출자는 번개처럼 찾아
삶의 몸부림 끈질긴 기다림
생명의 귀중함이 존경스러워

생존자의 몸부림
어디에 있나 목메이게 불러본다
노부부의 울먹임 슬픔속에
참다못해 통곡의 피눈물
쓰레기 더미에 묻혀있나 아들 딸
칠옥같은 어둠속에 나는 어찌 할고
살아서 돌아와오 내 가족이여

부흥과 몰락

태평양 중심축
섬나라 나우루
섬한바퀴 주행거리 30분으로
사람이라야 만삼천여명
세계속의 가장 작은나라로
그래도 독립국가란다
지구촌의 여러국가와 나란히

나우루 빈민국에서
잘사는 부국으로
광물질 인광석 발굴로
국민소득 2만불로 우뚝서
놀고먹는 게으름으로
잘사는게 비만과 합병증만

이제는 망가지는
모든 공장들 멈춰서고
각종차들은 애물단지로 전락
전 주민들은 후회와 피눈물만

나우루 망국의 길목
비만과 당뇨병 천국으로
뚱뚱보 환자로 몸부림
경제발전을 원망 어찌하나요.
다시 일어서자 내조국
역도스타 스티븐대통령

그 님은 어디가고

시간은 새벽을 넘는데
깊은잠 이뤄볼까 몸부림치며
눈을감고 잠을 청했건만
문득 떠오른 그님의 얼굴
잠 이루기 전에 먼동이 트였구나

갑자기 떠오르는 그님은
새벽잠 설치도록 눈앞에 아른아른
잊어볼까 눈을 감았지만
떠오른 그님은 내품에 안겨들어
옛정 회상하며 이밤을 보내노라.

꽃마차 타고

임과 함께 사랑을 안고
험난한 세월을 밟으면서
행복을 싫고 세차게 달려왔어
부귀영화가 따로있나
마음의 富貴 아름다운 평생 꽃이지

임과 같이 정에 정을 담고
험난한 길목을 해치면서
황혼의 꽃을 아름답게 피웠지
모두다 부러움 속에
달항아리 담아 영원토록 가련다.

꽃속에 봄을 담고

제주 섬마을에
노랑 나비처럼 날아라 유채꽃
신혼의 쌍쌍들 꽃밭에서
꽃향기 듬뿍마시며
사랑의 흥취를 담고 싶구나
서로가 사랑해요 입맞춤
행복을 안고
꽃씨를 심고 가잔다

꽃샘 추위속에
섬마을 꽃향기 해풍을 타고
오륙도 돌고돌아 부산포에
멈춰진 봄기운따라
아지랑이 너울속에 방긋 웃으며
당신을 사랑해요 꼭 안으면서
사랑을 담고
웃으며 영원히 가잔다.

설 잠

한밤에 잠이깨니
메마른 목구멍은
물 한모금 달라하네
냉장고의 차가운 물 한컵
꿀걱꿀걱 삼기고 나니
생기가 발산
새찬힘이 솟구쳤다네

세벽잠 청해 본다
잠결에 사랑한다고
옆자리의 우리님께
몸부림만 치다 품안으로
팔벼개에 새잠이 들어
푹신하게 자고나니
상쾌한 기분으로 오늘 하루

벚꽃축제

三千里 이 江山은
벚꽃나무의 고향
뿌리는 살아서 숨쉬고 있었건만
꽃을 피우지 못한 설움
일제의 강압에 꽃가지가 잘려
토종의 벚꽃 숨 죽이고 살았지

고궁의 웅장함을
창경원이라 격하
사꾸라 나무로 궁궐을 둘러막아
꽃을 피우고 꽃잔치로
사꾸라 원산지 일본이라 자랑
해방의 벚꽃 다시 찾은 내조국

산야에 어우러진
농도불이의 벚꽃
축제의 한마당 서로가 얼싸안고

끈끈한 사랑

당신!
머무는 곳이라면
따라 갈거야
어떠한 고난도 마다 않고
웃으며 따라 갈거야
나는 당신곁에
당신은 내곁에
낮이나 밤이나
서로가 곁에서 맴돌며
아름다운 사랑꽃을 피우며
행복을 담고 살리라

여보!
사랑이 머무는 곳
따라 갈거야
험난한 세월을 밟으면서
손잡고 따라 갈거야
여보 내 곁에서

눈웃음 방긋이
사랑을 담고파

서로가 못잊어 맴돌며
즐거워라 즐거워 사랑의노래를
행복을 싣고 가련다

| 2장 |

나팔꽃 인생

시끌벅적한 요즘의 정가
난타전속 앞뒤 없이
마구잡이 쏟아내는 폭언 속
거친 말투 속에 누구를 죽이려나

토종소나무의 향

천년을 버티는 소나무
솔잎에서
뿜어나오는 솔향기
송진기름을 몸속에 감고
관솔가지로 기름을 유출
운송도구에 사용
이차 전쟁시
왜놈들이 강제적으로
관솔공출을 배당제로
우리 국민은 시달려 엄청난 고통
소나무 꼭지에 올라
관솔가지를 잘라모아
전쟁기름으로 납품
왜놈들의 최악의 발작
결코 미연합군의
일본 히로시마 원폭투하로
천황은 항복을 하고
전쟁의 종말로 끝났다

소나무는 생목이 건조되면
송진을 나이바퀴에
층층이 잠복되어
천년을 버티고 견디는 것
토종소나무
홍송으로 춘향목으로
가구제에도 일품이란다
썩지를 않고 단단해지면서
수명장수하는 목재
솔잎의 향기는
톡톡쏘는 감촉을 느낀다
솔잎은 나쁜 세균을 없앤다
송편찔 때 솔잎을 까는 것
소나무 톱밥을 벼개속에 넣는 것
우리 인간과 끝없는
밀접한 생명의 관계
토종목조와 황토의 생성
수명장수를 이어준다.

그대는 내 여자

서로가 마음으로
사랑을 담고
말 한마디 못하고
속 앓이한
드디어 기회를 찾았다
단 둘이서 맥주잔 들이키며
사랑의 감성 북파쳐
참을 수 없는 흥분의 도가니
그곳으로 갔었지

둘이서 사랑으로
정하와 같이
알몸으로 껴안고
비빔밥처럼
딩굴고 키스를 진하게
성적감성 하늘을 찌를 듯이
사랑한다고 서로가 언약
피로를 풀고 생기를 찾았어
사랑을 싣고 가잔다

나팔꽃 인생

아침에 피었다가
저녁에 시들어지는
나팔꽃 인생살이
그 얼마나 슬픈 일인가
시끌벅적한 요즘의 정가
난타전속 앞뒤 없이
마구잡이 쏟아내는 폭언 속
거친 말투 속에 누구를 죽이려나
한심한 정치배들아
머리 숙여 사죄하라
언제 시들어질지
국민은 지켜보고 있노라

[童詩]

선생님

선생님 선생님 우리 선생님
선생님 선생님 사랑 합니다
선생님 선생님 우리 선생님
선생님 선생님 글터 빛내리
선생님 선생님 담고 가고파
선생님 선생님 존경 합니다

선생님 선생님 우리 선생님
선생님 선생님 엄마 같에요
선생님 선생님 우리 선생님
선생님 선생님 말씀 가슴속
선생님 선생님 정을 담고파
선생님 선생님 건강 하세요

그 목소리

부산갈매기
“애정”의 그 목소리 듣고파
가슴속 심은 사랑
행복의 꽃을 피울거야

부산 항구의
등대불 깜박이는 길따라
사랑을 싣고 왔어
영원히 담고 가라했어

하루밤 人生길

한국적 쓰나미
구멍뚫린 하늘
물동이 장대빗줄기
인적없는 고요의 밤
예교없이 쏟아부어
잠결에 저승길잡이에
말한마디 못하고
마지막의 작별이 될줄
내부모님, 용서하세요!

무심한 하눌님
인정사정을 안고
산골의 온화한 마을
봉사활동 나섰다가
폭풍우와 산사태로
꽃다운 청춘 남녀 학생
울고넘는 고갯길
영원토록 뒤돌수 없는
잘계셔요 내 부모형제!

천고야성 (天高夜性)

구름한점 없는 저 하늘아래
고개를 높이며 허공을 바라본다
별들의 고향 깜박깜박 윙크하면서
서로가 눈빛으로 나를 바라보네
별빛으로 길목을 찾아 한걸음 한걸음
그님의 얼굴을 밝혀주네

가을하늘 아래 초생달의 눈짓
하루가 몰라볼 둥글게 원을 그려
별빛을 막아 내가 잘라 웃음을 發光
젊음의 청춘남녀 손에 손을 잡고
눈빛으로 서로가 약속 평생의 발걸음
행복의 그날을 기다린다.

고향의 풍경

가고픈 그곳
崇祖古宅 오백년의 발자취
아름드리 古木은
高山齋의 수위목으로 우뚝서
지나가는 길손들
古家의 풍치를 감춰느라
발걸음 멈췄다네

보고픈 그곳
옛고을의 포산현터 발자취
그 흔적은 古名뿐
高山詩人 詩제속에 담아서
세월따라 간다네
達昌池 찾아든 전국 강태공
高山亭에서 담소의 술잔

6 · 25는 살아있다

비운의 6 · 25
한평생을 맞는구나
북한의 돌발적인 기습남침
동족상잔의 원흉으로
수많은 인명살상으로
아름다운 이 강산이
핏자국으로 얼룩져
씻으랴 씻기지 않은 세월
한많은 피멍으로 할말을 잃고
오늘의 이산가족 슬픔의 유산

행운의 이강산
김일성의 붉은 깃발
만반의 전쟁준비 6 · 25의 불행
진격과 반격 총성으로
존엄한 생명은 낙엽처럼
연합군이 참전햇불

낙동강 방어선이 구축되어
북진의 기세를 잡다
전쟁의 영웅 맥아더 장군의 인천상륙
61년의 능선을 따라 오늘의 휴전선
전쟁의 폐허속
곤건이 살아남은 우리민족
맨 주먹에서 경제강국으로
세계속에 우뚝선 오늘의 대한민국
통일의 문을 활짝열고
원한의 슬픔을 기쁨의 웃음으로

어디에 있나

서로가 만나 봐야지
가슴앓이 하던 처녀총각
연애편지속 돌맹이 싸서
돌팔매질 할때
옹달샘 물동이 머리위에
기쁨의 웃음속 나는 좋아서
사픈사픈 걷는 그모습
아름다웠어

어둠이 깔려 별빛만
반딧불은 깜박거리며
약속의 길목 서로가 손잡고
가슴속 고동소리
서로가 얼마나 품고 있었는지
지난 세월을 원망
장래를 약속하며
행복의 순간

송구영신 (送舊迎新)

어제밤 자정
보신각 타종소리에
우렁찬 호랑이는
잡다한 액운을 거둬가고
깡충깡충 뛰는 토끼는
國泰民安의 亨通을 안고
부지런한 일꾼이 되겠다고
굳은 약속을 담고 왔노라

새아침 해돋이
빛살을 가슴에 안고
귀여운 토끼한쌍
사랑과 행복을 담고와서
일년내내 건강하시고
富貴榮華 萬壽無康을
달님속의 토끼와 계수나무
나의 일녀은 太平成代를...

靑春야곡

오색 찬란한 명동의 밤거리
청춘 남녀들은 쌍쌍히 짝을지어
손에 손을 잡고 살금살금 웃음의 꽃
스쳐가는 길손들의 마음을 열어주네

세찬 칼바람 사랑에 고개숙여
정에 정을 안아 청춘은 즐거워
괴로움도 잊어버려 행복을 안아주며
변치말자 굳은약속 영원히 담고 가련다

녹슬은 철길

고요한 적막속에
철마가 달리는 기적소리
어디가 종착역일까
이북도 내땅인데
어찌하여 도라산역에 멈추나

후렴 : 녹슬은 기차길은
녹물을 씻으며 달리련다

철마는 달리련다
남북을 이어가는 경의선
서울에서 평양으로
평양에서 서울로
통일의 철길은 문전길이 되려나

[축시]

향촌 한마당 祝祭

太初에 天上의 빛이
비슬산 大見봉에 발산되어
정토의 기맥을 이어받아
達城의 무궁한 발전속에
십곡만의 웃음꽃을 안고
오늘의 체전장을 만상의 꽃처럼
장사의 힘을 길러온 청장년
정의의 승리 우승의 깃발
승자의 품으로 안겨다오

낙동강 칠백리 젖줄
달성을 품에안고 청량수를
강변의 옥토는 황금알을
군민의 가슴을 풍성하게
고향떠난 벗님들 금의환향
오늘의 꽃마당 달성의 체전
필승을 다짐 우승의 컵은
박수갈채 속에 승리의 만세

나는 증인이다

괴나리 봇짐지고 엄마의 발걸음 따라
피난행렬 속에 줄을 이었어라
머무르는 길목마다 포성과 화약냄새
9.28 수복 탈환으로 중앙청의 태극깃발
통일의 문을 열어라 대한민국 만세
와 함께 잘 살아 보세 외쳤지

잊으랴 하였건만 잊혀지지 않는 혈연의 정
험난한 세월을 밟고 힘겹게 살아왔건만
원흉의 삼대세습 천안함 침몰을 단행
장엄한 해병의 생명을 수장케 한 놈들
또 다시 연평도에 기습적 포격으로
민 · 군인까지 살상, 엄청난 죄값을 받으리라

전쟁의 불씨를 던져놓고 협박과 폭언
도발은 남아있다. 몇 곱빼기로
책임소재를 떠 넘기려는
놈들의 속셈을 그 누가 아랴
우리의 단합으로 주적을 물리치고
평화의 종소리를 삼천리 이 강산에!

서울은 서울

서울!
아름다운 서울
로변공간은 꽃으로 단장
시민들의 마음속 꽃이 되어
하루살이 고됨도 잊고
즐거운 생활속에 담아
웃음의 꽃으로 앉으련다

서울!
사람많은 서울
무지개 색깔의 옷차림은
거리마다 사람의 꽃이되어
너도나도 아름다워라
하루의 기쁜생활을 보듬어
행복한 웃음꽃을 피우자

| 3장 |

세월속의 청계

그때의 상처가 오늘
두동강의 이강산은 아직도
임진강의 물길은 통일된 물길
강물처럼 우리도 이어주자

세월이 원하는 통일

낙동강 칠백리 물결
굽이굽이 스쳐가는 강바람
뱃사공의 어겨여차 뱃노래소리
추억속으로 사라져 버렸네

잔잔한 낙동강 물결
전란속에 피눈물의 물빛은
전우들의 북진통일 승리의 길목
육십살의 피멍만 남았구려

그때의 상처가 오늘
두동강의 이강산은 아직도
임진강의 물길은 통일된 물길
강물처럼 우리도 이어주자

세월속의 청계

옛날의 청계천은 장안의 빨래 터
아낙네의 방망이 치는 소리에
새들과 고기 때는 도망을 갔었지

도시의 무자비한 개발을 타고
청계를 복개하여 캄캄한 동굴로
시원히 뚫어버린 시민의 힘이었지

빗 속의 여인

쨍쨍 쪼이는 햇살을 안고
우산도 없이 나들이길
꽃구름이 비구름으로
사탕알 같은 빗방울 뚜룩뚜룩
소낙비로 변하여 한줄기
여인의 몸매는 유리알처럼
비막이로 찾은곳 등넘어 외딴집
바람따라 비구름은 스쳐가고
어느듯 햇살이 쪼이는 맑은 하늘로
찰싹 붙는 치마폭
바람결에 펄럭이는 옷자락
지나는 길손들의 눈빛속에
빗속의 여인은
아름다운 유리알 같이 빛나리

[詩調]

고 향

낙동강아 흐르거라 다시보자 비슬산아
정드린 고향산천 떠나야 하건많은
시절이 오게되면 다시착을 내고향

친구야 잘있거라 언제다시 찾아오마
간다고 잊을소냐 온다고 잊을소냐
가나오나 친구생각 오나가나 고향생각

[詩調]

반 성

아직도 정신나간 정치발언 이제그만
민생에 치중하며 정치판도 바꿀때라
우선이 어데인가 앞,뒤가려 정치하라

선량한 국민들에 무엇으로 보답하랴
경제를 살리는것 최우선 과제이다
정치는 평정으로 경제는 부강으로

善惡의 政治

聖君善政　國奉民安
暴君惡政　民衆峰起

有法無法

憲政國會 暴力大亂
民心反起 國會解散

孝兄之心

父母兄前之下 어버이와 형 앞에서
官位高下無用 벼슬의 높고 낮음이 없으리라

[축시]

통일대전 준공

비애의 피눈물
고려의 오백년 사직
역성 반역의 수괴 이성계
폭악무도한 반역들에게
고려궁은 피바다로 얼룩져
망국의 한만 서렸노라
고려인은 너 나 할것없이
재건의 명운을 걸고
반역도들과 맨손으로 항전
두문동 72인은 단식투쟁으로
고려를 지키려는 충신은 간데없고
아침 이슬처럼 사라지니
망국의 한은 피멍속으로

영혼과 함께
멸망과 함께 고려국은
한많은 역사속으로
천년을 넘는 세월은 말한다

이제 깨어나십시오 님들이여!
오늘 통일대전에 오셔서
다함께 고려국을 재건합시다
허공에 떠도신 망국의 혼령
본전에는 역대 왕들을 모시고
공신각에는 고려의 명신들
이 웅장한 종묘사직에
영웅의 님들을 모시면서
후손들은 축배를 올립니다.

어 제

동녘 햇빛 줄기
창문을 뚫은 빛살
상쾌한 아침 기분 좋은 하루
명동 거리로
미인의 걸음 늘신한 장다리
길손들의 눈 웃음줘
피곤함도 허공에 날려
즐거운 낭만의 시간

세찬 빗줄기
창문을 내려 쳤다
잠결에 놀라 벌떡 일어났다
비는 멎었다
잠자리 누워 눈을 감았다
이리 저리 몸부림만
선잠으로 피곤을 담고
오늘을 맞게 되었다

꿈에 본 아버님

그립던 아버님의 얼굴
옛고을의 문전옥답
가뭄으로 농수 부족현상
겨우 졸졸 흐르는 물
논바닥에 닿는대로
삽질로 물따라 생가래

흙속을 파헤치는 모습
사랑하는 문전옥답
특수농작 매년 풍년으로
아버님의 웃음의 꽃
저승서도 잊지못해
생전에 하는 일 꿈속에 오셨네

애향별사 (愛鄕別舍)

내가 살던 고향은
유서깊은 포산고을
오막살이 초가삼간
사릿문앞 디딤돌
고개숙여 드날던 門
추억속에 떠오르네

오막살이 초가집
추억속에 담아놓고
명가의집 고대광실
돌담길목 고독의 숲
지나가는 길손마다
高山齋를 찾아드네

가을문턱

가을 종이 울리네
창살 사이로 파고든
이슬맺힌 찬바람
여름 더위를 씻어주네

아침 햇살 비쳐라
이슬방울 사라져
훈기나는 솜바람
가을의 향기 풍겨주네

코스모스 길따라
향기 마시며 걷고파
방긋 웃는 꽃잎은
나의 마음을 사로잡네

삶과 죽음의 길목

메마른 세월속에
굳건히 살려고 발버둥 친다
각박한 노동임금 살길이 막막
죄없는 어린자식들
가진자의 발길에 밀려
평준교육도 그림의 떡
문명의 낙오자로
희망은 절망이요 암초에 걸렸네

세월을 잡지 못하고
세월에 끌려 살다보니 청춘은 어디로
노동에 파묻혀 고된 삶
이나라 준법은 눈감은 해법
가진자 그림으로 없는자 악법
서민울리는 무관심 공직자
도움의 친절은 껍데기로
살길은 어디에서 찾으랴, 허송세월

백두산의 폭발예고

백두대간의 上頭
天池의 깊은 淸水
가는길 오는길
이 땅에는 단절
남의 나라 뒷길로 가야 하나
그 길목은 옛적 조선의 땅

백두상봉의 天池
화산의 분출 혈구(穴口)
지질학 전문가
폭발가능 확실론
혼울담은 백두산 어디로

지구촌 화산 분출
불꽃은 하늘높이
화산재 뒤덮혀
불모지로 변해
다시 못볼 백두산 비운의 한!

大倧敎와 독립운동

침략자 일본을 쳐부수자
우리 독립군의 강한 항거
부모 처자를 버리고
낯설은 이국땅에서
오직 내나라 내민족
맨주먹으로 싸우는 비참한 모습
하늘님이 천기누설을
세계만방에 선포하여
연합군의 승리로
일본 천황은 무릎꿇고
피눈물을 흘리면서
백기를 쳐들고 항복하였노라
국내외 독립투사 여러분
어서 환국하십시오.
해방이요 광복이 왔습니다
우리민족의 끈질긴 항거에
놈들의 발목이 잡혀
위기에 몰락하게 되었다

독립투사들의 배경에는
대종교가 항일투쟁의 모체로
놈들의 악랄한 방법에도
굴하지 않고 대승리로
송두리체 뺏아간 황금옥토
도로목으로 토해버리고
맨발로 도망길 찾느라 허둥지둥
삼천리 이 강산에 새봄이 왔네
해외에 계신 영혼님들
다함께 대한독립만세
대한독립만세! 하늘높이

古, 朝鮮의 오늘

환검(단군)의 백성들이여
한 울림의 빛을 받아
고조선의 왕조시대
성스러운 백두산령
풍성한 자손을 이어 주어
아름다운 이 강산을
동방예의지국으로
지구촌의 중심축이되어
天下를 호령하고 살리라

우리는 홍익인간 이화 世界
배달민족 근본생명
선조님의 열을받아
후세들에 이어준다
평화와 행복을 누리며
남북통일 환희속에
세계속의 지휘봉을 잡고
모이자 대한민국으로
춤추고 노래하는 평화의 종소리

| 4장 |

생명의 숲

그늘진 숲속을 찾는다
숲이 그리워 산을 찾았다
솔나무와 잣나무의 그늘
향기 뿜는 군락의 숲

國運

흥망성쇄의 갈림길
聖君善政 : 國泰民安
暴君惡政 : 民衆蜂起

기울은 나라 운명
君主의 바른 정치
부흥의 기틀 마련
백성은 국태 민안

국민을 위한 외침
외교의 부실 난맥
촛불의 시위 등장
三叩의 사죄 성명

狂牛병 쇠고기 파동
北韓의 관광객 살해
독도에 왜놈의 침범

바람 잘날 없는 폭풍전야
독도를 지키자 촛불을 켜라

폭염속의 미소

폭염의 한 나절
숙녀의 짧은 치마 바지속
늘씬한 각선미에 눈빛이 가네
환희의 빛나는 웃음주는 꽃
더위에 지친몸도 가뿐한 기분
꽃중의 꽃 여인의 꽃
사랑의 금실을 엮는다

폭염을 달래러
지하철 전동차가 떠올라
숙녀의 미끈한 꼬임다리
눈빛은 나도몰래 웃는 미소
더위는 허공으로 날려버리고
서로가 눈빛을 주고 받는
사랑의 금실을 맺는다.

村老의 한숨소리

지루한 장마빗속
존엄한 人命손실
농어민 가금속에
한숨만 남겼으니
촌노의 얼굴빛은
눈물의 잔주름꽃

자연의 조화인가
장마는 허공으로
햇님의 웃는선물
폭염을 안겨주네
농촌은 복구손길
얼룩진 한숨의 꽃

평창으로 오세요!

두메산골 평창
눈의 보금자리 평창
동계올림픽 유치의 욕망
꿈을 안고 평창인의 숙원사업
가능점은 헛실이 아니였다
2003년 세계속에 뛰어들어
승리의 첫발 결전의 패자로

다시 한번 평창
꿈을 이루어야지 평창
투표 참여국의 심리적 작용
가능점은 평창으로 자신만만
강원도민 모두가 합세하여
2007년 세계속에 다시 한번
첫발은 승리 두발에 밀렸어

실망속의 평창
갈등속의 벅찬 평창
합동정신은 승자로 간다
여유있는 평창 실사위원의 평점
평창유치단 승리의 햇불을
대통령도 아이들도 함께 뭉쳐
2011년 전 국민의 힘 세계속으로
압도적 승자 "평창" 대한민국 만세

독도는 말한다

독도의 둘산 한국령 암각
독도는 우리땅 목메이게 불러본다
신라의 명장 "이사부" 장군
장군의 독도 방어 記
독도는 우리땅 역사는 말한다

이사부 장군 독도에 담겨
기나긴 세월속 천오백년이 되었구려
일본의 침략 노략질 근성
장군의 혼령 일본을 호통
독도를 넘보면 일본은 망한다

이사부 장군 공적이 살아
독도의 순환道 이사부길로 제정
독도는 우리땅 영원히 빛나리

장마전선

여름이면 찾아오는 불청객
장마비 속에는 태풍을 업고
농어민에 가슴을 멍들게
촌노의 분노를 불꽃처럼 던져놓고
언제 떠나려나
바람과 함께 사라져다오

물바다로 변해버린 황토뻘
폭우와 장대비 물동이처럼
인정사정 없다 쓰러버려
살고픈 의욕을 앗아버린 물폭탄
이제 심술은 그만
조용히 왔다 사라져다오

걱정속에 머무르는 촌노들
한해의 농사는 빈 껍데기로
나랏님게 생명줄 담보로
빚내여 살자니 눈물이 앞을 가리네

생명의 숲

무더운 여름을 맞았네
쨍쨍 쪼이는 빛살
피부를 검게 거슬러
탄력있는 살결이 반짝인다
그러나 따가운 느낌
자외선 차단이
그늘진 숲속을 찾는다
숲이 그리워 산을 찾았다
솔나무와 잣나무의 그늘
향기 뿜는 군락의 숲
어린 아이들의 아토피 약용제
신선한 산소 호흡으로
아토피의 치료제가 된다니
숲은 생명선의 숲
자연보호는 삶의 필수적 요건
숲을 자식처럼 가꾸어
숲속길을 거닐며
아름다운 숲 생명지켜주는 숲
100세 청춘을 그림같이
행복을 담고 즐겁게 살고파

기다림의 사랑

그대의 얼굴
내 가슴속에 안겨서
사랑의 욕구 용강로의 불꽃
서로의 심장은
널판처럼 뛰는구나
육신의 감성
참을 수 없는 흥분
그 순간
어디로 가야 하나...

그 사랑 안고
저 멀리 달리고 싶구나
가슴에 묻은 순희의 사랑꽃
흥분의 도가니
쇠사슬처럼 휘어잡고
사랑의 불꽃
그 순간 폭발의 분사
참으랴
사랑의 등불 켜질 때...

오늘 하루

아침 창문을 열면서
향기 뿜은
시원한 바람을 가슴에 담고
동녘의 햇살은
나를 깨운다
고된 하루를 짊어지고
뛰어야만 산다네

저녁 노을은 서산에
방긋 웃는 꽃
반가히 안으며 위로의 손길
희미한 등잔불
나를 재운다
고된 하루를 벗어놓고
내일의 삶 빛내리

뇌물단지

금융계의 불똥어디로
국민저축 계몽운동
아침 출근길 행원들의
어깨띠, 저축은 생명이다
고소한 선전 문구에
한푼 두푼 늘려보자 솔깃해
저축은행 창구에 맡겼는데
고양이에게 생선맡긴 꼴이 되었구먼

큰 도적떼 감시감독관
공돈먹기 최고자리
눈감고 아웅 챙겨달라
저축의 뒤안길 도적떼들
달콤한 돈 꾸러기에
서민등골 앗아먹는 돈벌레들
요리조리 갉아서 흔들흔들
호화롭던 행복이 감옥길로 가게됐네

책 속의 낙서

책 속의 내마음이
빛을 내고 있다
나는 길거리에서
발 끝에 차이는
보잘 것 없는 몇장의
잡지조각을 엎드려 주었지
몇장 속에 얄궂은
용어들이 담겨 있었다
사랑하고 싶은 그 여인
내 속을 태우는 그려
죽고 싶은 생각뿐이다
또 한 장에는
부모님께 효도하고 싶은 마음
문이 열리지 않는다
이생각 저생각 끝에
낙서를 하고 쓰다보니
마음속에 우러나는 진실
그 속에는 내 마음이 담겨 있다

낙서는 낙서인데
진실이 흠뻑젖어 있어
보잘 것 없게 보이나
아름다움을 가득담아
항상 돌아보고
앞길을 개척하며 살리라

한국전쟁의 은인

노병은 죽지 않는다
인천상륙작전의 기수
맥아더장군이 남긴 말
다만 사라질 뿐이다

육.이오 전란의 동족상잔
김일성의 전세를 뒤집는데
최고도의 성공전이었지

노병의 나이 칠십대
지긋지긋한 살상의 총성
북으로 북으로 역전의 승리
통일 눈앞에 두고 휴전
기나긴 세월속 환갑을 맞네
북한의 삼대독재 전범들
언제까지 통일의 문이 열릴까

한시대 전쟁영웅
노병의 공적은
살아서 숨쉬며
영원히 빛날 것이다

봄날은 간다

꽃을 담고
봄날은 왔구려
아름다운 꽃을 않으며
웃음꽃을 피웠지
꽃은지고 잎속은 방긋
녹음방초 숲속을 거닐면서

숲의 지붕
여름을 맞으며
잡초들의 향기를 마신다
버들피리 장단에
지저기는 새들의 노래
詩 한수를 산야에 심고 싶구나

黃砂특보

黃砂의 폭탄
이 땅 위의 피해
장벽없는 허공으로 날아와
많은 動植物에 집착
황사의 독성이 발산 되어
호흡의 장애로 全身마비
피해 보상은 어디에 있나

중국의 黃砂
인접 국경을 넘어
미세 먼지는 시야를 가렸네
人體에 침투 生死의 갈림목
활동을 제지당하는 생활공간
황사를 미연에 방지책은
최악의 황사침범 그 보상은

날아라 별나라 가는
우주과학의 전승시대
황사 천국을 보고만 있을건가?

| 5장 |

꽃속에 봄을 담고

아지랑이 너울속에 방긋 웃으며
당신을 사랑해요 꼭 안으면서
사랑을 담고
웃으며 영원히 가잔다.

역사 속의 地名

영종도

오랜 세월속에
전 국토에 지명이 부여
지명에 따라 개발과정
적소에 맞아 떨어진 곳
영정도 국제공항을 예로
永宗島 길영 마루종은
비행장 활주로란 뜻이다

한강

삼국시대 초기에는
한강 임진강 합류를 허리띠로
혁대(革帶)로 불러오다
고구려에서는 아리수(阿利水)로

백제는 욱리하(郁里河)로
중국 동진과 백제와 교류로
한강을 중국식으로 한수(漢水)로
조선시대 와서 경강(京江)이라고도
옛 이름은 숨어버리고 다시 한수 한강
한강은 우리말의 한가람에서
한은 크다 넓다 길다의 의미로
가람은 강의 고어(古語)로
크고 넓은 강이란 뜻이다

저축이 감축은행으로

돈을 불러들인 은행들
이제와서 오리발인가
높은금리 저축으로 유혹
무일푼 감축이 왠말인가
예금자의 마음은 피멍으로
누구를 믿고 저축하랴
한푼 두푼 맡긴 돈
철새처럼 허공으로 날라버려

저축은행은 저축으로
이제와서 감축이라니
저축자의 마음을 짓밟아버리고
이제는 저축은 그만
다시없는 저축은행 사기행각
무엇으로 보상하려나
울고넘는 저축자
믿음을 주는 금고가 되었으면

참꽃축제

참꽃 진달래 군락의 비슬산
참꽃 축제 한마당
전국 각지에서 모여든
울긋불긋 인간꽃 활짝 웃는 꽃
향기 뿜는 꽃으로
산객에 기쁨을 담아 주랴
너의 꽃향기 내 품으로

꽃아 진달래 너 보러 왔다네
고향찾아 고향꽃
활짝피어 웃는 꽃으로
어쩌다 꽃망울로 삐쭉새처럼
언제 웃음의 꽃이 되려나
웃는 그날 다시 올거야
내년으로 약속 나는 가야지

財産 1號 : 健康

거칠은 人生길
굽이굽이 떨어버리고
辛福을 싣고
喜壽를 맞았어

즐거운 人生길
마음속을 비워버리고
웃음꽃 담고
앞으로 앞으로

역사속 歲月은
모두모두 보듬어안고
健康은 靑春
영원히 가리라

그리움

고향이 그리워서
가야만 하는데
못가는 사연을 누가아랴
이제는 가야지
그대의 아름다운 그모습
보고파 가야만 하노라

고향집 돌담길목
돌부리 틈사이
봄나물 파릇파릇 솟았네
집사람 꽃광주리
벌떼들 날아들어 춤추고
유혹의 울음소리 나는좋아

향촌 高山亭에서

達昌의 水심속에
月影의 그림자 비쳐지니
잉어때가 솟아올라 춤추네
高山정에 홀로서서
추억을 걷어올려
달항아리 담아 영원토록

達南의 숲속에서
별빛을 가슴에 안으면서
강태공들 잉어 입질에 눈독
낚시바늘 걸려들어
한잔술 잉어회맛
옛 추억을 담고 가고파

고향이 좋아

고향이 천리원정
집사람 운전솜씨
달리는 고속도로
고향집 대문앞에
대문을 활짝여니
笑門萬福來로다

안채를 바라보며
조상님 영전앞에
정성껏 묵념속에
고향집 지킨덕목
애향의 꽃이피네
家和萬事成이로다

섬마을 일본

농촌의 촌닭울음
새벽을 넘고있네
일본의 방사성능
빗물에 바람타고
대한의 금수강산
피눈물 뿌려졌네

독도는 역사속에
고서에 명기되어
대한의 땅이거늘
일본은 어찌하여
철없는 아이들에
꺼꾸로 가려하나

일본의 대지진은
업보의 죄값으로
화산과 여진으로
죽음의 길목에서

봄 향기

봄날은 오고 있다네
오색찬란한 꽃송이들
방긋 웃는 모습이 아름다워
그윽한 향기 뿜으며
꽃마차 타고
북상을 하고 있다

산자락 오솔 길따라
서리바람은 꽃을 피우네
꽃입보고 날아든 호랑나비
날개를 펴고 춤추네
꽃가마 타고
나비야 서울가세

꽃속에 봄을 담고

제주 섬마을에
노랑 나비처럼 날아라 유채꽃
신혼의 쌍쌍들 꽃밭에서
꽃향기 듬뿍마시며
사랑의 흥취를 담고 싶구나
서로가 사랑해요 입맞춤
행복을 안고
꽃씨를 심고 가잔다

꽃샘 추위속에
섬마을 꽃향기 해풍을 타고
오륙도 돌고돌아 부산포에
멈춰진 봄기운따라
아지랑이 너울속에 방긋 웃으며
당신을 사랑해요 꼭 안으면서
사랑을 담고
웃으며 영원히 가잔다.

名山의 登行

한성을 에워싼 靈山의 북한산
요새의 북한산 돌부리와 봉우리
기암절벽의 기맥이 솟구쳐
人間의 맥심을 안아준다
生氣에 힘이솟아 노화를 억제
첩첩산중의 신선한 솔향기
마음의 젊음이 청춘의 행복길

靈山의 등행 길목에서 묵상을 한다
정성을 다함께 始山祭를 올리고
神靈님은 음향을 하시고 개시를
미약한 人間을 안아주시고
수많은 등산인의 무사고 안정을
석단의 숲길 山友들의 건강 단련장
자연을 사랑, 영원한 북한산

그대와 나 (和情)

마음에 담은
그대의 눈짓 내속을 태웠어
빛나는 모임의 후속
서로가 사랑을 앓았어
발가숭이의 몸매
너무나 아름다웠어
미래를 약속하면서
사랑을 싣고 간다네

행복한 사랑
그날이 빛나 웃음을 앓았어
육신의 비빔밥처럼
달콤한 사랑의 깊은맛
나면가 일심동체 되어
행복이 용광로처럼
열광의 사랑이 솟구쳐
사랑을 담고 살리라

正道

선과 악이 도사리는
험난한 이 사회의 길목
근원 제공은 누구일까
양심과 도덕성은 쥐구멍으로
정치자금법은 누구를 위한 것인가
국민의 함성은 하늘 찌를 듯
반기에 무릎 꿇은 입법 제조공장

생과 사가 햇갈리는
어두은 골목길 걷는 기분
어찌 범죄가 생활속까지
무엇때문일까 돈때문일까
한순간의 홍취를 만끽할려고
공직자는 공심으로 국민앞에
국가는 미래에 희망찬 햇불을 밝힌다

世界속의 독재자

權座는 독재를 안겨주고
독재는 장기집권의 구실을
장기집권은 선량한 국민을 제압
선량한 국민은 민중봉기를 발상
民衆蜂起는 권좌를 흙탕속으로

권좌는 호화판 천당에서
빛나는 황금보화를 한몸에
입만 열면은 천하를 내손안에
변하는 세월은 독재자 추방으로
민중봉기에 쫓기는 권자의 식솔

聖君善政 國奉民安
暴君惡政 民衆峰起

봄맞이

온화한 봄날은 오고있네
향기 뿜는 꽃향기 담고
잔잔한 아지랑이 너울속
방긋 웃는 모습이 예뻐라

봄나물 흙속을 솟고 있네
파릇파릇 웃음을 담고
처녀의 부드러운 가슴속
조물조물 손문힘 꿀맛이라.

봄소식

雪風을 등에업고
봄 고개를 넘는 동장군
따스한 훈풍에 사라져 가고
아롱아롱 아지랑이
내품에 안겨주네

꽃구름 뭉게구름
한쌍되어 춤을 추구 있네
쨍 타는 빛살에 은빛을 발산
아지랑이 꽃향기 담아
내마음을 달래주네

立春大吉 建陽多慶
辛卯安康 家和亨通
우리들 세상 웃음으로 살아보세

| 6장 |

인생은 예술속에

마음을 헐어놓고
오고가는 정속에 즐겁게
즐거운 행복속에
아름다운 세월과 함께와!

황금옥토

세월을 원망하랴
내고향 길목에 접속된 옥답
진한 흙 냄새
내 가슴을 파고 들었지
지나가는 길손들
문전옥답 황금싸라기 땅노래

험난한 세월속에
고향을 마음에 담고 살면서
나는 가야지
옛 고을의 정취 숨쉬고
오솔길 거닐면서
고향유정 문전옥답 나를 반기네

육구팔 하나, 둘이여
잡지 못하고 시집보내니
내 마음이 찢어지누나
변호사, 법무사에 놀아나
화근으로 한탄만
다시찾아 흙냄새 향기를 담고파

녹슬은 철길

남과 북을 오고 가는
철마는 달린다
기적소리 울리면서
서울역 평양역으로
남북이 하나인데 왜 못가느냐
어찌하여 삼팔선을 넘지 못하나
녹슬은 기찻길 녹슬은 기찻길
남과 북의 철마야 달려라

고요한 땅 적막속에
철마야 달려라
기적소리 울리면서
어디가 종착역이냐
이북도 내땅인데 왜 못가느냐
어찌하여 휴전선을 넘지 못하나
녹슬은 기찻길 녹슬은 기찻길
남과 북의 철마야 달려라

명동야곡

오색 찬란한 명동의 밤거리
청춘남녀 쌍쌍이 짝을지어
손에 손잡고 싱긍벙글
웃음꽃을 꽃피우는 밤
스쳐가는 길손들의
마음속을 달래어 가네
아 – 아 – 아 내맘도 그리워라
이 밤은 청춘의 야곡

太平路는 不平路
(촛불은 道路광장을 잠식)

태평로의 밤거리
하늘에는 별빛만 깜박이고
땅에는 촛불만 아우성
얄굳은 세상속으로
광우병 쇠고기
촛불을 끄게 하여다오

장군님의 동상 앞
시위 속의 초롱빛 아이들을
촛불을 손에 잡혀 외침
탈법의 교육시위장
어른 손 끌려서
눈물의 씨앗을 남기려나

슬프도다 국민의 방송은 어디로
슬프도다 국회는 어디에서 맴도나
청와대만 보호하는 명박산성

선량한 백성은 어디로
의사당은 기다림에 지쳐서
아차하면 적토의 흙이 되리……

변하는 세월따라

오솔길 따라 넘나들던 고갯길
세월속에 묻혀 버렸네
흔적을 말해주는 고개마루 쉼터
백호산 자락따라 산책로
선조님 누운자리 망부석의 기다림
묘전에 무릅꿇고 불효자의 하소연

옛날의 금잔디 황소 등에 올라타
보리피리 꺽어 불면서
동무와 뛰어놀며 소싸움 부칠 때
우리소 이겨라 손뼉치며 응원
세월을 밟으면서 험준한 길목
구제역 발산으로 생매장의 피눈물

이제는 그만 구제역아 물러가
가족같은 가축을 버리니
꿈속에 나타나 슬픈 워낭소리
우리내 가슴에 피멍만 남겼어

人生은 예술속에

변하는 세월속에
세월따라 살아온 나그네

세월을 잡지못해
늙어간들 어찌하오리까?

한평생 물결같이
흘러흘러 살아온 人生事

마음을 헐어놓고
오고가는 정속에 즐겁게

즐거운 행복속에
아름다운 세월과 함께와!

만남의 서울

오! 대한민국
세계속에 우뚝선 나의 조국
G20, 정상회의 의장국으로
60억 식솔들의 생활 터전을
정상들의 발전적 의견을 취합
잘살고 못사는게 갈림길목
안정적 기틀을 구축하여
풍성한 마음으로 잘 살아 보세
대한민국 수도 서울에서 선포
지구촌을 살리는 안건을 채택
평화로운 세상속에 행복을 담고
굶주림없는 보국성장되기를
정상들의 업적을 詩속에 담아 영원토록

이산가족

한많은 삼팔선아
남북을 가로질러
내부모 내형제를
혈연의 정을 끊어 버려
긴세월 잊을 수 없어
소리높여 불러본다
어디서라도 살아만다오
이산가족 찾을때까지

말없는 휴전선아
한평생 피멍으로
내부모 내평제를
이제는 만나봐야지
긴세월 돌릴 수 없어
목메이게 불러본다
어디에 있나 살아만다오
이산가족 만날때까지

[축시]

66주년을 맞이하는 광복절

해방이여 광복이 왔어
망국의 길목에 선 일본
일본천황은 원폭에 짓눌려
항복의 두팔을 움츠리고
떨리는 목소리로 서명날인
그날의 일본은 망국의 백기를
천황은 무릎을 꿇고 피눈물을
일본은 사라지고
대한에는 환희와 웃음꽃이
삼천리 이 강산에 초목도 춤추며
대한독립만세 방방곡곡에
평화의 종소리 울리자
아름다운 이 강산에 무궁화 꽃을 피운다

대한제국 내 민족이여
놈들에게 짓밟힌지 36년
긴세월속에 수많은 독립투사
억울하게 가버리 혼령님들

광복의 날이 왔습니다.
돌아오십시오 기다립니다
대한독립의 기수들
새로운 국가건설을 위하여
하루속히 돌아오셔서
초토화속에 살아남은 동포들
아름다운 이 강산을
새롭게 다듬어서 반석위에
빛을 바래도록 합시다.
세계속에 우뚝서게하여
남북통일의 문을 열고
대한독립만세 대한독립만세 동포여!

[축시]

우란분절 : 음 7.15일 백중제를 맞아

온 세상 밝히려고
부처님께 오셨다네
자비와 지혜의 등불을 켜
죄는 소멸시키고
선은 광명을 찾아주시어
밝은 세상으로 인도하셨네

부처님 오신지 2555년
중생들을 살피시어
온 세상 온누리에 불을 밝혀
어둠은 사라지고
광명천지를 맞게하여
인연공덕을 주시어 소원성취 하셨네

나무석가모니불
나무석가모니불
나무석가모니불
이 세상 모두에게 만복을 주셨네

[축시]

향우인 축제의 한마당

달성의 꿈나무
무한의 성장으로
오늘 우리들의 모임
언제나 변함없는
비슬산의 기맥을 받아
내고향 달성은
영원한 달성
고향의 소식 알고파
향촌의 꽃피는 소식지
타향에서 고향을 보듬고
고향을 지켜주는
재향 군민여러분께
감사의 박수를 보냅니다

오늘의 이 한자리
웃음의 꽃을 피우며
영원토록 변치말자
굳은 약속을 하면서
화합의 보금자리
후손에게 이어주자

生생 死사

하루 살이가 죽어갈 때
무슨 말을 하였을까?
하루를 살아도 내 할 일 다 하고 가네
지구상 만물의 생태계는
정해진 수명대로 살면서
사는 동안 할 일 다 하고 간다네
그러나 비명에 죽은 것은 슬픔을 남기고
할 일을 이세에게 떠 넘겨야 하는
비장한 슬픔을 억누르고 선.악을 떠안아
살아서 숨쉬는 동안 해결할 문제들...
하루살이는 백년을 살다가는 너희 들이나
하루에 할 일 다 하고 가는 나나
숨거두는 것은 똑같이 않느냐
살아 숨 쉬는 동안 무리 하시지 말고
평화롭게 가십시오.

모든 것은 사는 동안이오
남을 걱정 할바 아니오
남은 이세가 알아서 할것이오.

忠節

高麗의 五百年사직
이성계의 일파에게
무참히 짓밟히어
망국의 피눈물
고려국의 명운을 걸고
역도와 항전한 三隱公
목은 : 이색은 감시인물로
포은 : 정몽주는 선죽교에서
도은 : 이숭인은 유배지에서
아침이슬처럼 사라지니
고려국은 간데없네

멸망의 高麗國은
한많은 역사 속으로
충신들의 숨통을 끊어
흙속으로 묻어버리니

단절된 고려역사
그수많은 名臣들은
흔적없이 가버렸다네

망국의 영혼들이여
곱게 잠드소서
언젠가는 고려의 節臣들
공신각에 奉安되리라

(고려의 節臣님들께 이 奉詩를 바칩니다)

백두대간의 중추 : 태백

시제 : 맥

(한강)

기나긴 한강 줄기 514km
우리 모두 생명의 젖줄
태백 검룡소의 발원지 물
가정마다 수도 꼭지를 타고
그 물로 조리된 맛있는 음식
자... ... 물이 없었더라면
이 지구상 자연 속의 동식물은?
잠들고 흔적도 없이 사라졌겠지
오늘의 이 소중한 물. 물!
우리 모두 앞장서 보존키로 하자

(낙동강)

낙동강 물줄기 천삼백리
맑은 물은 생명의 젖줄되지만
황토물은 자연의 폐허와 생명을 앗기도
그러나 물은 인간의 보고
보고의 물줄기 발원지는?

민족의 영산 태백 황지연못
이 물이 흘러흘러 부산항 남해로
좋은 일 나쁜 일 두루 씀세는 물
물은 모든 생명체의 맥
환경정화로 맑게 보존하자

구문소 "물의 힘"

오억년 고생대의 지질 탐방지
화석, 수목, 자연의 신비
세계지질학 박사들의 연구 발표장
여기는 물이 산을 뚫고
뚫은 데서 한참 머물렀다가
용궁의 전설로 한반도는
금수강산의 탄생비밀을 간직
이 궁금증은 무엇일까?
전 세계가 한 덩어리로
총 지휘권자는 오! 대한민국

석탄의 변천 : 불의 힘

석탄은 우리 생활연료
국가 기간산업의 중추역할로
못된 일본인이 발견 전쟁 불바다 용
결코 패전국으로 우리의 해방기쁨
그러나 6 · 25의 남침 민족전쟁으로
자연의 산림숲은 민둥산으로
석탄의 힘을 얻어 산림녹화 성공
이제와서 석탄채굴 후퇴되어
탄광촌은 한숨소리만
정부는 다시 한 번 돌아보라

유적탐방

삼수령 오십천의 발원지
관동팔경 죽서루를 거쳐 동해로
동 · 서 · 남해에 닿는 물은 거대한 태평양
역사유적이 숨 쉬는 곳
단군성전에 국태민안을
단종비각은 한 맺힌 피눈물이
용연동굴 광장은 신비를 연출한다네
추전역 해발 855m의 최고지
고원준령 태백은 모기도 없다네
또다시 찾은 곳은 여기로다

그님은 어디가고

시간은 새벽을 넘는데
깊은잠 이뤄볼까 이불속으로
눈을 감고 잠을 청했건만
문득 떠오른 그님이 나타나
잠 이루기 전에 먼동이 트였구나

갑자기 떠오르는 그님은
새벽잠 설치도록 눈앞에 아른아른
잊어볼까 눈을 감았지만
떠오른 그님은 내품에 안겨들어
옛정 회상하며 이밤을 보내노라

청계천은 말한다

역사속에 묻혀버린 청계는
수많은 유적을 안고 돌아와
인간의 무자비한 행동을 원망하네

청계는 살아서 숨 쉬는 곳
모든 동식물의 휴식 공간
아름다운 자연속에 새들의 노래

주야로 흐르는 맑은 물결 속
고기떼 오르내리며 꼬리치는
그 얼마나 그리워 하였을까?

세월속의 청계

옛날의 청계천은 장안의 빨래 터
아낙네의 방망이 치는 소리에
새들과 고기떼는 도망을 갔었지

도시의 무자비한 개발을 타고
청계를 복개하여 캄캄한 동굴로
시원히 뚫어버린 시민의 힘이었지

國運 作詩

聖君善政 國泰民安

暴君惡政 民衆蜂起

戊子暑夏 晉州文學作家會長

高山 徐聖澤 詩人

▲필자의 서예 작품

神行太保

귀신도 놀란 축지법

베이징 올림픽 일백미터 세계신기록

무자년 팔월 태극전사들의 귀국환영

좋은문학 작가협회 회장

高山 徐聖澤 詩人

유비무환

天下雖平不敢忘戰 蘇軾

천하가 태평스러워도 전쟁을 잊으면 안된다

무자년 팔월 삼십일일

좋은문학 작가협회 회장

高山 徐聖澤 詩人